MO GÄMMERLER

BAYRISCHE
CROSSOVER-TAPAS

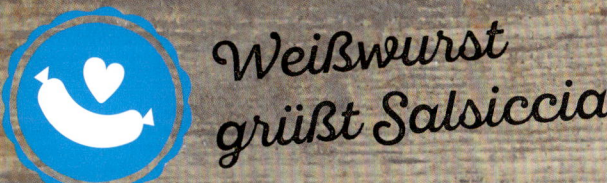

Weißwurst
grüßt Salsiccia

Das Buch im Überblick

Mo &
Marcus

Wies'n

Outback

Preißn

Tapas – kleine Speisen, große Wirkung

Hier kommen die passenden Ideen für Ihre Tapas-Gaudi: von der Steckerlgarnele bis zum Bavarian Cheesecake. Nachahmen erwünscht!

Tapas haben ihren Ursprung in Spanien, wo sie als kleine Begleithäppchen zum Kaltgetränk serviert werden. Im Orient kennt man die kleinen Köstlichkeiten als Mezze, dort werden sie als Vorspeise oder zwischendurch gereicht. Längst haben die beliebten »Kleinspeisen« ihren Weg auch nach Deutschland gefunden. In Tapas-Bars muss man sich endlich nicht mehr nur für eine Speise ent-scheiden, sondern kann drei, vier oder sogar mehr feine kleine Gerichte essen.

Auch in Bayern haben kleine Gerichte eine lange Tradition, »Schmankerl« oder »Mongdratzerl«, vom Obatzden bis zum Apfelkiachal, finden sich in so manchem bayrischen Wirtshaus auf der Speisekarte – so auch in der Eierwiese, unserem Restaurant in München-Grünwald. Wieso nicht einmal aus dem Vollen schöpfen und das Beste aus aller Herren Länder mit unseren bayrischen Schmankerln kreativ kombinieren? So können wir unsere Gäste mit vielen kleinen spannenden Köstlichkeiten verwöhnen und bleiben dennoch mit einem Bein »dahoam« in der bayrischen Küche verwurzelt.

Ich habe für Sie über 50 feine Crossover-Tapas kreiert, die schnell und unkompliziert nachzukochen sind, sodass es Ihnen nicht schwerfallen wird, mehrere Gerichte auf einmal zuzubereiten. Die Zutatenmengen sind für 6–12 Portionen angelegt, je nachdem für wie viele Gäste Sie kochen, können Sie natürlich die Zutatenmenge anpassen. Vorschläge für Menü-Zusammenstellungen finden Sie hinten im Buch.

Also schnell Einladungen verschicken und auf geht's! Viel Spaß bei Ihrer Tapas-Party.

Ihre Mo

Fleisch
und Geflügel

Croquetas bavariae

Zutaten für 8 Portionen

170 g Dinkelmehl
¼ l kalte Milch
1 kleine Zwiebel, fein gehackt
½ l Hühnerbrühe
100 g Brust vom Bio-Bauernhendl,
gekocht und zerrupft
50 g luftgetrockneter Schinken,
zerrupft
Salz
Pfeffer aus der Mühle
2 Eier, verquirlt
ca. 1 Tasse Paniermehl zum Wenden

Für die Soße:
4 TL Marillenkonfitüre
2 TL feinen Dijon-Senf
1 TL flüssiger Honig

außerdem:
reichlich Kokosfett zum Braten und
Ausbacken

1. Für die Soße Marillenkonfitüre, Dijon-Senf und flüssigen Honig miteinander verrühren.

2. Für die Croquetas Mehl in eine Schüssel geben und mit der Milch glatt rühren. Etwas Kokosfett in einer Pfanne erhitzen und die gehackte Zwiebel darin glasig schwitzen. Zunächst Milch-Mehlmischung und Brühe unterrühren, dann Hühnchen und Schinken dazugeben und gut verrühren. Kräftig mit Salz und Pfeffer abschmecken. Bei mittlerer Hitze köcheln, bis der Teig recht fest wird und sich vom Boden lösen lässt. Abkühlen lassen, dann für einige Stunden in den Kühlschrank stellen.

3. Mithilfe von 2 Teelöffeln ca. 16 Portionen vom Teig abstechen und zu Kugeln formen. Diese erst in den verquirlten Eiern wenden, dann im Paniermehl wälzen.

4. In einer Pfanne das Kokosfett erhitzen und die Croquetas darin von allen Seiten goldbraun frittieren. Mit der Marillen-Honig-Senf-Soße servieren.

Zur bayrischen Version dieses populären spanischen Tapas-Klassikers servieren wir eine würzige Marillen-Honig-Senf-Soße.

Rosmarin-Puten-Spießerl

Zutaten
für 6 Portionen

2 Knoblauchzehen, fein gehackt
1 rote Peperoni, entkernt und fein
gehackt
3 cm Ingwer, gerieben
Saft und Zesten von 1 Bio-Limette
2 Bund Koriander, die Blätter fein
gehackt
2 Bund marokkanische Minze, die
Blätter fein gehackt
1 Schnapsglas Olivenöl
Salz und Pfeffer aus der Mühle
400 g Bio-Putenbrust, in Würfel von
ca. 2×2 cm geschnitten
1 grüne und 1 gelbe Zucchini, längs
in dünne Scheiben geschnitten
(Sparschäler)
18 stärkere Rosmarinzweige, die
Nadeln bis auf die Spitze entfernt

1. Knoblauch, Peperoni, Ingwer, Limettensaft und -zesten, Koriander und Minze mit dem Olivenöl zu einer eher dickflüssigen Marinade verrühren. Mit Salz und Pfeffer abschmecken. Die Putenwürfel mit der Marinade vermengen.

2. Die Zucchinischeiben wenige Sekunden in kochendes Wasser geben, damit sie etwas biegsamer werden. Sofort in kaltem Wasser abschrecken. Jeweils eine gelbe und eine grüne Zucchinischeibe aufeinanderlegen und im Wechsel mit den Putenstücken auf die Rosmarinzweige »fädeln«, sodass sich die Zucchinischeiben um die Pute wickeln.

3. Die Spieße 5–6 Minuten in der Pfanne oder auf dem Grill unter häufigem Wenden garen, bis das Fleisch durchgebraten ist.

Ob in der Pfanne gebraten oder im Sommer auf dem Grill – diese bunte Spießerl-variante ist optisch und geschmacklich der Knüller.

Mongdratzerl im Salatblatt

Zutaten
für 12 Portionen

5 EL helle Sojasoße
2 TL brauner Zucker
Saft von einer Limette
1 EL süße Pflaumensoße (Asiamarkt)
etwas Kokosfett
etwas Kokosöl
1 Stück Ingwer, ca. 3 cm, sehr fein gehackt
1 rote Peperoni, entkernt und fein gehackt,
2 Knoblauchzehen, fein gehackt
2 Frühlingszwiebeln, in feine Ringe geschnitten
400 g Brust vom Bio-Bauernhendl, durch den Fleischwolf gedreht oder sehr fein geschnitten
1 kleine rote Zwiebel, fein gehackt
2 Handvoll Korianderblätter
24 schöne Blätter vom Romanasalat
1 Limette, in Scheiben geschnitten

1. Sojasoße, braunen Zucker, Limettensaft und Pflaumensoße miteinander verrühren.

2. Kokosfett und Kokosöl in einer Pfanne erhitzen. Ingwer, Peperoni, Knoblauch und Frühlingszwiebelringe ca. 2 Minuten anschwitzen. Hendlbrust dazugeben und 5–6 Minuten bei guter Hitze unter Rühren gar braten.

3. Die Soja-Pflaumensoße angießen und alles ca. 1 Minute schmurgeln (köcheln) lassen. Vom Herd nehmen. Gehackte Zwiebel und Korianderblätter vorsichtig unterrühren.

4. Jeweils 1 Esslöffel Laab in ein Salatblatt füllen, Limettenscheiben dazu reichen.

Dieses Rezept ist eine Abwandlung des thailändischen Streetfood-Klassikers Laab Gai. Schmeckt warm und kalt fantastisch.

Getrocknete bayrische Waldheidelbeeren finden in diesen köstlichen Empanadas (gefüllte Teigtaschen) ein sonniges neues Zuhause.

Bavarian Empanadas mit Waldheidelbeeren

Zutaten
für 6 Portionen

2–3 Rollen Blätterteig (für 12 Kreise, je ca. 13 cm Durchmesser)
etwas Olivenöl
2 Knoblauchzehen, fein gehackt
2 Frühlingszwiebeln, fein gehackt
½ rote Peperoni, entkernt und fein gehackt
150 g Bio-Schweinehackfleisch
150 g Bio-Hendlbrust, durch den Fleischwolf gedreht
1 TL Oregano, getrocknet
1 TL Kreuzkümmel, gemahlen
100 ml Rinderbrühe
1 EL Limettensaft
Salz und Pfeffer aus der Mühle
30 g Waldheidelbeeren, getrocknet
1 Ei und 1 EL Milch, verquirlt

1. Den Ofen auf 190 °C Umluft vorheizen. Aus dem Blätterteig mithilfe eines Glases 12 Kreise von ca. 13 cm Durchmesser ausstechen.

2. Olivenöl in einer Pfanne erhitzen, Knoblauch, Frühlingszwiebeln und Peperoni 2–3 Minuten darin anrösten. Beide Hackfleischsorten sowie Oregano und Kreuzkummel zugeben und anbraten. Zwischendurch rühren, sodass das Fleisch sich nicht zu größeren Stücken verbindet. Mit Rinderbrühe und Limettensaft ablöschen. Einige Minuten köcheln lassen, bis die Flüssigkeit weitestgehend verdunstet ist. Mit Salz und Pfeffer abschmecken. Vom Herd nehmen, die Waldheidelbeeren untermischen und komplett abkühlen lassen.

3. Jeweils 1 EL der Fleischmischung in die Mitte eines Blätterteigkreises setzen. Den Teigrand mit etwas Eiermilch bestreichen und den Teig über der Füllung zuklappen. Den Rand gut festdrücken. Die Empanadas nochmal mit Eiermilch bestreichen und ca. 25 Minuten auf einem mit Backpapier ausgelegten Backblech goldbraun backen.

Mini-Brathendl-Pies

Zutaten
für 6 Portionen

1–2 Rollen Blätterteig (für 6 Kreise,
je 5 mm größer als der Durchmesser
der Formen)
2 TL Butter
1 Lauchstange, in feine Ringe
geschnitten
1 kleine Knoblauchzehe, fein gehackt
2 EL Thymianblätter, frisch
350 ml Brühe
100 g Brathendl oder gegarte Hendlbrust, ohne Haut, in kleine Stückchen
gezupft
300 g Kartoffeln, gekocht und in
kleine Würfel geschnitten
150 g Tiefkühlerbsen
1 gehäufter EL Schmand
3 EL Sahne
Salz und Pfeffer aus der Mühle
1 Ei und 1 EL Milch, verquirlt

außerdem:
6 kleine, ofenfeste Formen, ca. 150 ml,
etwas Butter zum Einfetten

1. Ofen auf 180 °C Umluft vorheizen. Die Ränder der Formen mit etwas
Butter einfetten. Aus dem Blätterteig 6 Kreise ausschneiden, 5 mm breiter
als der Durchmesser der Förmchen.

2. Butter in einem Topf erhitzen, Lauchringe, Knoblauch und Thymian
2–3 Minuten garen, bis der Lauch weich ist. Mit der Brühe ablöschen.
Hühnchenbrust- und Kartoffelwürfel sowie Erbsen hinzugeben und kurz
aufkochen lassen. Schmand und Sahne einrühren. Mit Salz und Pfeffer
abschmecken.

3. Die Formen mit der Hühnchen-Gemüse-Mischung bis knapp unter den
Rand füllen, dabei ausreichend Flüssigkeit mit hineingeben. Die Formen
vorsichtig mit den Blätterteigkreisen bedecken, den Teig am Rand festdrücken. Die Teigdeckel in der Mitte jeweils etwa 1 cm einritzen und
anschließend mit der Eiermilch bestreichen. 25–30 Minuten backen,
bis der Teig goldbraun ist.

*Britisch inspirierte
Resterlverwertung,
schmeckt nicht nur
pfundig, sondern schaut
auch richtig fein aus.*

Rehpflanzerl Asiastyle

Zutaten
für 6 Portionen

250 g mageres Rehfleisch, z. B. aus dem Rücken
2 Frühlingszwiebeln, fein gehackt
1 Handvoll Koriander
frischer Ingwer, 2 cm, fein gehackt
½ rote Peperoni, entkernt und fein gehackt
1 Knoblauchzehe, fein gehackt
1 Ei
Chilisalz, Pfeffer

1. Das Rehfleisch durch den Fleischwolf drehen oder mit einem scharfen Messer in sehr feine Stücke schneiden.

2. Das Fleisch gut mit Frühlingszwiebeln, Koriander, Ingwer, Peperoni, Knoblauch und dem Ei vermengen. Mit Chilisalz und Pfeffer abschmecken.

3. Aus der Fleischmasse 12 Pflanzerl formen. Die Rehpflanzerl bei mittlerer Temperatur von jeder Seite ca. 3 Minuten garen, das Fleisch soll in der Mitte noch leicht rosa sein.

Unser Reh kommt aus den Straßlacher Wäldern und wird als Pflanzerl mit asiatischen Aromen zu einer feinen kleinen Überraschung.

Kebab-Spießerl mit Joghurtsoß'

Zutaten für 6 Portionen

600 g Lammlachse vom bayrischen Milchlamm
2 große Zwiebeln, gerieben
Saft von 2 Bio-Limetten, geriebene Schale von 1 Bio-Limette
Salz und Pfeffer aus der Mühle
500 g griechischer Joghurt
1 Handvoll Minze
3 Knoblauchzehen, fein gehackt
1 EL Olivenöl
Kokosfett

Joghurtsoß':
2 El Olivenöl

außerdem:
12 Holzspieße

1. Die Lammlachse in 36 gleich große Stücke schneiden. Die Fleischstücke mit den geriebenen Zwiebeln, der Hälfte des Limettensafts, Salz und Pfeffer vermengen und ca. 1 Stunde kalt stellen.

2. Joghurt, Minze, Knoblauch, den restlichen Limettensaft, Limettenschale und Olivenöl verrühren. Mit Salz und Pfeffer abschmecken.

3. Je 3 Lammstücke auf einen Spieß stecken. Etwas Kokosfett in einer flachen Pfanne erhitzen und das Fleisch bei großer Hitze 2–2,5 Minuten pro Seite bräunen. Das Fleisch darf außen deutlich Farbe annehmen, innen soll es rosa sein.

4. Die Lammspieße zusammen mit der Joghurtsoße servieren.

Bayrisches Milchlamm im orientalischen G'wand – einfach himmlisch!

Glasierte Ripperl

Zutaten
für 6 Portionen

12 EL Austernsoße
12 EL Teriyakisoße
6 EL brauner Zucker
1 EL helle Sojasoße
12 EL Wasser
1,2 kg Baby-Spareribs
(oder je 2–3 Ribs pro Portion)
3 Zimtstangen
3 Sternanis
3 Knoblauchzehen, in Scheiben
geschnitten
3 cm Ingwer, grob zerkleinert

1. Den Ofen auf 180 °C Umluft vorheizen. Aus Austernsoße, Teriyakisoße, braunem Zucker, Sojasoße und Wasser eine Soße herstellen.

2. Die Spareribs auf ein mit Backpapier ausgelegtes Backblech legen. Zimtstangen, Sternanis, Knoblauch und Ingwer gleichmäßig über den Spareribs verteilen. Die Soße ebenfalls großzügig über die Ripperl geben. Das Backblech gut mit Alufolie verschließen und die Spareribs für 2 Stunden im Ofen garen. Nach 2 Stunden die Alufolie entfernen und die Spareribs weitere 20 Minuten offen auf dem Blech garen.

3. Die Spareribs aus dem Ofen nehmen, pro Portion 2–3 Ripperl servieren.

Mini-Spareribs in einer süß-würzigen Asia-Marinade. Unglaublich zart und zum Finger-abschlecken lecker!

Gulasch-Kiachal mit bayrischem Bio-Bier

Zutaten für 6 Portionen

Für das Gulasch:
1–2 EL Kokosfett
500 g Gulasch vom Rind, in Würfel von 2×2 cm geschnitten
1,5 TL Tomatenmark
Salz und Pfeffer aus der Mühle
1,5 TL Paprikapulver edelsüß
1 EL Oregano, getrocknet
1 EL Majoran, getrocknet
2 Knoblauchzehen, fein gehackt
2–3 Schalotten, fein gewürfelt
250 ml bayrisches Bio-Bier, naturtrüb
1 l Gemüse- oder Tafelspitzbrühe
nach Belieben etwas Crème fraîche

Für den Teig:
150 g Butter, 160 ml Wasser
370 g Dinkelmehl , ½ TL Salz
1 Ei und 1 EL Milch, verquirlt

außerdem:
6 Tarteförmchen mit Hebeboden,
ca. 8 cm Durchmesser, gebuttert

1. Kokosfett in einer tiefen Pfanne erhitzen. Das Fleisch darin von allen Seiten scharf anbraten. Den Bratensaft weitestgehend verdampfen lassen. Tomatenmark zugeben. Mit Salz, Pfeffer, Paprikapulver, Oregano und Majoran würzen und Knoblauch und Schalotten hinzufügen. Immer wieder umrühren. Nach ca. 6–8 Minuten mit dem Bier und der Hälfte der Brühe ablöschen. Bei halb geschlossenem Topf ca. 2,5–3 Stunden langsam köcheln lassen. Zwischendurch umrühren und Brühe nachgießen.

2. Das Gulasch vom Herd nehmen, nach Geschmack etwas Crème fraîche unterrühren. Vollständig abkühlen lassen.

3. Den Ofen auf 200 °C Umluft vorheizen. Für den Teig in einem Topf Butter und Wasser aufkochen. Vom Herd nehmen, Mehl und Salz hinzufügen und verkneten. Den Teig mit bemehlten Händen auf einer ebenfalls bemehlten Arbeitsfläche nochmals gut durchkneten und 2 mm dick ausrollen. 6 Kreise mit 9 cm Durchmesser ausschneiden und die Tarteförmchen damit auskleiden. 6 Kreise mit 8 cm Durchmesser als Deckel ausschneiden.

4. Das Gulasch mit ausreichend Soße auf die Tarteförmchen verteilen und mit den Teigdeckeln verschließen. Die Teigdeckel mit der Eiermilch bestreichen und mittig ca. 1 cm lang einschneiden. Die Pastetchen im Ofen für ca. 30 Minuten goldbraun backen.

Butterzartes ungarisches Gulasch mit würzigem bayerischen Bier in knuspriger Teighülle.

Langsam köchelnd ent-
wickelt sich der Tafelspitz
zu einem zarten Genuss.
Die Granatapfelkerne setzen
optisch und geschmacklich
einen feinen Akzent.

Tafelspitzspießerl mit Granatapfelsoß'

Zutaten für 6 Portionen

1 EL Kokosfett
500 g Bio-Kalbstafelspitz
1 gestrichener TL Salz
1 Pastinake, geviertelt
½ Sellerie, geviertelt
1 Karotte, geviertelt
1 Lauch, in einige dicke Scheiben geschnitten

Für die Soße:
1 TL Butter
1 Frühlingszwiebel, in feine Ringe geschnitten
1 TL Estragon
120 g Granatapfelkerne
1 EL Crème fraîche
Salz und Pfeffer aus der Mühle

außerdem:
18 Holzspieße

1. Kokosfett in einem tiefen Topf erhitzen und den Tafelspitz darin von allen Seiten anbraten. Den Topf mit so viel Wasser auffüllen, dass das Fleisch komplett bedeckt ist. Salz hinzugeben und das Wasser zum Kochen bringen. Ganz kurz kochen lassen, Hitze reduzieren und Pastinake, Sellerie, Karotte und Lauch hinzugeben. Anschließend bei eher niedriger Temperatur 1,5 Stunden köcheln.

2. Für die Soße 100 ml von der Tafelspitzbrühe abschöpfen. Butter in einem Topf erhitzen. Frühlingszwiebelringe und Estragon ganz kurz darin garen, sodass die Frühlingszwiebeln ihre schöne Farbe behalten. Die Frühlingszwiebeln mit der Tafelspitzbrühe ablöschen. Ganz kurz aufkochen. Hitze reduzieren, Granatapfelkerne hinzufügen. Nochmals kurz aufkochen. Den Topf vom Herd nehmen und die Crème fraîche unterrühren. Mit Salz und Pfeffer abschmecken.

3. Den Tafelspitz in sehr feine Scheiben aufschneiden und diese auf die Holzspieße stecken. Pro Portion 3 Spießerl servieren, jeweils 1 Esslöffel Soße darüber geben.

Mein Tipp:

Wenn Tafelspitz übrigbleibt: Die restliche Brühe durch ein Sieb passieren. Den Tafelspitz in ca. 1 cm große Würfel schneiden, die Tafelspitzwürfel in die Brühe geben. Sanft erhitzen und etwas frisches Gemüse mitgaren. Reste einfrieren. Die Tafelspitzbrühe können Sie z. B. für die Germknödel (Seite 26) verwenden.

Germknödel mit fernöstlichem Schweinebraten

Zutaten für 7 Portionen

Für die Füllung:
2 EL helle Sojasoße
1 EL dunkle Sojasoße
1 EL Zucker
1 EL 5-Gewürze-Pulver
1 Knoblauchzehe, sehr fein gehackt
2 EL Pflanzenöl
350 g Bio-Schweinelendchen, der Länge nach geteilt
50 ml Tafelspitz- oder Rinderbrühe
½ Peperoni, entkernt und fein gehackt
1 Frühlingszwiebel, fein gehackt
1 EL Hoisin-Paste
1 EL Melasse

Für den Teig:
½ Hefewürfel
120 ml lauwarme Milch
½ TL Salz
30 g Zucker
250 g Mehl
30 g Butter, weich
1 Ei

1. Für die Füllung aus den Sojasoßen, Zucker, 5-Gewürze-Pulver, Knoblauch und Pflanzenöl eine Marinade herstellen. Die Schweinelendchen darin 1,5 Stunden im Kühlschrank marinieren. Von Zeit zu Zeit wenden.

2. Währenddessen für die Germknödel die Hefe mit ein wenig Milch, 1 Prise Salz, etwas Zucker und etwas Mehl verrühren und 15 Minuten gehen lassen. Das restliche Mehl, Zucker, Butter, Milch und Ei hinzufügen und zu einem glatten Teig verrühren. Den Teig abdecken und ca. 45 Minuten an einem warmen Ort gehen lassen.

3. Den Ofen auf 200 °C Umluft vorheizen. Unter dem Rost eine mit etwas Wasser gefüllte Reine (Bräter/Fettpfanne) platzieren. Das Fleisch auf den Rost legen und ca. 20 Minuten garen, sodass es außen leicht gebräunt und innen zart rosa und weich ist.

4. Tafelspitzbrühe, Peperoni, Frühlingszwiebel, Hoisin-Paste und Melasse kurz zusammen aufkochen. Das Fleisch in Würfel von ca. 3–5 mm schneiden und zur Soße geben.

5. Den Teig in 7 Portionen aufteilen und zu Kugeln formen. Jeweils in die Mitte eine Mulde drücken und pro Knödel 1 Esslöffel der Fleischmischung hineingeben. Den Teig sorgfältig über der Füllung verschließen. Die Knödel in einen gut gefetteten Dampfkorb setzen und für ca. 10 Minuten über kochendem Wasser dämpfen.

Üblicherweise lieben wir den Germknödel recht süß, am besten mit Mohnbutter oder Vanillesoß'. Hier zeigt er, was sonst noch alles in ihm steckt.

Bavarian Fusion

Eine Tapas-Gaudi planen

12 Gäste kommen! Und was nun? Ganz einfach: Tapas vorbereiten. Die kleinen Speisen sind ideal, um eine größere Anzahl an Gästen zu verköstigen.

Es gibt Gastgeber, für die ist es völlig unerheblich, ob sie für fünf, zehn oder 50 Personen kochen. Sie bleiben die Ruhe selbst und organisieren sich, ohne mit der Wimper zu zucken. Ich persönlich liebe es, gut vorbereitet zu sein. Nur wenn ich genau weiß, in welcher Reihenfolge ich welche Handgriffe zu erledigen habe, bin ich ganz entspannt. Dazu gehört eine gute Vorbereitung – dann können auch Sie ohne Probleme ein Dutzend Gäste mit Tapas beglücken.

Überlegen Sie sich, welche Gerichte Sie für Ihre Gäste zubereiten möchten. Stellen Sie ein Menü zusammen oder wählen Sie eines der vorgeschlagenen Menüs ab Seite 120.

Pro Person können Sie in etwa sechs verschiedene Tapas einplanen. Ob Sie lieber ein oder zwei Nachspeisen nehmen, ist Geschmackssache. Errechnen Sie die jeweiligen Zutatenmengen der Rezepte für die geplante Anzahl Ihrer Gäste und stellen Sie eine Einkaufsliste zusammen. Bedenken Sie dabei: Manche Zutaten lassen sich unverarbeitet schlecht aufbewahren, bereiten Sie in solchen Fällen lieber eine größere Menge zu – Ihre Gäste werden sich freuen, wenn Sie ihnen noch in paar Spießerl für daheim einpacken.

Legen Sie sich am besten alle Zutaten pro Gericht in einen separaten Behälter, bevor Sie beginnen. So können Sie sicher sein, dass sie nichts vergessen haben und den Überblick behalten. Nun sollten Sie überlegen, welche Gerichte die längste Vorbereitungs- bzw. Garzeit haben. Mit diesen Gerichten beginnen Sie.

Wenn die Gäste angekommen sind, sollten die Speisen so vorbereitet sein, dass Sie maximal noch kurz garen müssen – so können auch Sie den Abend genießen.

Spanferkel-Minirollbraten

Zutaten
für 6 Personen

ca. 700 g Spanferkelschulter
Chilisalz
Pfeffer aus der Mühle
3 EL Hoisin-Paste
4 EL helle Sojasoße
1 EL süße Pflaumensoße (Asiashop)
Saft von ½ Zitrone
2 EL brauner Zucker
1 Knoblauchzehe, grob gehackt

außerdem:
Küchengarn

1. Den Ofen auf 160 °C Umluft vorheizen.

2. Die Schwarte der Spanferkelschulter kreuzweise einschneiden. Das Fleisch mit einem scharfen Messer in 6 gleichgroße Portionen zerteilen. Mit Küchengarn zu kleinen Päckchen schnüren und rundum mit Chilisalz und Pfeffer einreiben.

3. Hoisin-Paste, Sojasoße, Pflaumensoße, Zitronensaft und braunen Zucker miteinander verrühren. Die Spanferkel-Rollbraten mit der Schwarte nach oben auf ein Backblech setzen und mit der Soße übergießen, sodass die Fleischstücke rundum bedeckt sind. Den Knoblauch darüber verteilen. Die Mini-Rollbraten ca. 50 Minuten im Ofen garen.

4. Zum Servieren die Mini-Rollbraten auf kleinen Tellern anrichten, mit der Bratensoße begießen.

Sind die nicht niedlich? Falls trotzdem was übrigbleiben sollte: Das »Spofackl« schmeckt auch hervorragend zu Thainoodles mit Pak Choi.

Orientalischer Kinihas

Zutaten
für 4 Portionen

320 g Kaninchenfilet
2 EL Butter
2 Frühlingszwiebeln, in feine Ringe geschnitten
1 rote Peperoni, entkernt und fein gehackt
1 Knoblauchzehe, fein gehackt
4 TL Gojibeeren
8 getrocknete Soft-Aprikosen, grob zerkleinert
4 EL brauner Zucker
Salz, Pfeffer aus der Mühle

1. Das Kaninchenfilet mit einem scharfen Messer in 4 gleichgroße Portionen zerteilen.

2. In einer Pfanne die Butter zerlassen. Frühlingszwiebeln, Peperoni und Knoblauch darin anschwitzen. Kaninchenfilet bei starker Hitze 3 Minuten von beiden Seiten anbraten. Hitze reduzieren, Gojibeeren, Aprikosen und braunen Zucker hinzugeben. Den Zucker karamellisieren lassen. Zwischendurch mehrmals umrühren.

3. Filet und Soße auf kleine Teller verteilen und mit Salz und Pfeffer abschmecken.

Dieses Kaninchen kommt weder im Heubett noch im Speckmantel daher, sondern in einer herrlich süß-würzigen Soße.

♥ 02

Brotzeit *und* Eierspeisen

Serrano-Feigen-Schmankerl

Zutaten
für 6 Portionen

3 reife Avocados
1 Bund Schnittlauch
3 EL Pinienkerne, grob gehackt
7 EL Olivenöl
1 Knoblauchzehe, fein gehackt
6 Scheiben Buttermilchbrot
6 Scheiben Serrano-Schinken
6 frische Feigen, in Scheiben
geschnitten
1 rote Peperoni, entkernt und in
feine Ringe oder Streifen geschnitten
Salzflocken
frisch gemahlener Pfeffer

1. Die Avocados halbieren, den Kern entfernen. Das weiche Fruchtfleisch mit einem Löffel aus der Schale lösen und mit einer Gabel zerdrücken.

2. Die Schnittlauchhalme in 6 Portionen aufteilen und mithilfe 6 einzelner Halme zu kleinen Bündeln binden.

3. Die Pinienkerne in einer Pfanne unter Schwenken leicht anrösten. In ein kleines Schälchen geben und mit 2 EL Olivenöl vermischen.

4. Das restliche Öl in einer Pfanne erhitzen, Knoblauch und Brot darin portionsweise anrösten.

5. Die Brote großzügig mit der Avocadomasse bestreichen. Jeweils 1 Scheibe Serrano-Schinken auf die Brote geben. Die Feigenscheiben auf den Broten verteilen und die Pinienkerne darüberstreuen.

6. Die Brote mit Peperoniringen, Salzflocken und Pfeffer bestreuen. Auf jedes Brot 1 Schnittlauchbündel legen.

Buttermilchbrot, süße Feigen und würziger Serrano – ein Augen- und Gaumenschmaus!

Panzanella-Scherzerl

Zutaten
für 6 Portionen

3–4 EL Olivenöl
1 Knoblauchzehe, gehackt
100 g Gewürzbrot, in 18 mundgerechte
Stücke geschnitten
Salzflocken
12 Mini-Romatomaten, geviertelt
18 Basilikumblättchen
6 Sträußerl Feldsalat, möglichst kleine
Pflanzen
1 kleine rote Zwiebel, in feine Ringe
geschnitten

Für das Dressing:
3 EL Zitronensaft
6 EL Olivenöl
1 EL Honig
Salz und Pfeffer aus der Mühle
1 Prise Chiliflocken
1 kleine Knoblauchzehe, sehr klein
gehackt

außerdem:
6 Scherzerl (Endstücke vom Brot),
ausgehöhlt

1. Für das Dressing Zitronensaft, Olivenöl, Honig, Salz, Pfeffer, Chiliflocken und Knoblauch miteinander verrühren.

2. Das Olivenöl in einer Pfanne erhitzen, Knoblauch und Brotstücke darin anrösten. Salzflocken darüber streuen.

3. Tomaten, Basilikum, Feldsalat und Brot gleichmäßig auf die 6 Scherzerl verteilen. Etwas Dressing darüber geben und mit den Zwiebelringen garnieren.

Mein Tipp:

Sie können den Panzanella natürlich auch in kleinen Schüsseln servieren, wenn Sie keine Scherzerl zur Hand haben. Falls Sie das Gewürzbrot selbst backen, formen Sie kleine Laibe, die Sie dann halbieren — die Krume (das Innere des Brotes) wandert in den Brotsalat, den Sie dann in die ausgehöhlten Laiberl füllen.

Der italienische Brotsalat schmeckt mit bayrischem Gewürzbrot zubereitet noch viel interessanter.

Focaccia-Brezen

Zutaten
für 6 Brezen

400 g Dinkelmehl Typ 630
½ Hefewürfel
1 Prise Zucker
1,5 TL Salz
210 ml lauwarme Milch
2 TL Olivenöl
1 Bund Rosmarin, die Nadeln abgezupft und gehackt
1 Bund Thymian, die Blätter abgezupft
20 g getrocknete Tomaten, in Streifen geschnitten
20 g schwarze Oliven ohne Stein, in Ringe geschnitten

1. Mehl in eine Schüssel sieben. In die Mitte eine Mulde drücken. Die Hefe, den Zucker und das Salz in der Milch auflösen, anschließend das Öl einrühren und die Mischung in die Mulde gießen. Den Vorteig 15 Minuten gehen lassen.

2. Alles mit den Knethaken der Küchenmaschine zu einem Teig verrühren, mit etwas Mehl bestäuben und abgedeckt für 1 Stunde an einem warmen Ort gehen lassen.

3. Rosmarin, Thymian, Tomaten und Oliven in den Teig einkneten. Vom Teig 6 Portionen à 80 g abteilen (es bleibt ein kleiner Teigrest übrig, diesen nach Belieben zu Semmeln formen). Mit bemehlten Händen die Teigportionen zu Brezen formen: jeweils einen Teigstrang rollen, der sich zu den Enden hin verjüngt. Den Teigstrang rund drehen, die beiden Enden kreuzweise übereinander legen und am bauchigen Teil leicht andrücken.

4. Die Brezen auf ein mit Backpapier ausgelegtes Blech legen. Das Blech mit Frischhaltefolie und einem Geschirrtuch bedecken und anschließend für 1–2 Stunden bei ca. 5 °C kühl stellen.

5. Den Ofen auf 200 °C Ober-/Unterhitze vorheizen. Die Brezen 25 Minuten backen.

Wer sagt, dass Brezen immer ein Laugengebäck sein müssen? Viva la revolución!

Malzbrot Caprese

Zutaten
für 6 Portionen

6 EL Olivenöl
6 Scheiben Malzbrot
1 Knoblauchzehe, sehr klein gehackt
12 Mini-Romatomaten, in feine
Scheiben geschnitten
1 kleine rote Zwiebel, in feine Scheiben
geschnitten
einige Basilikumblätter, in feine
Streifen geschnitten
6 Mini-Büffelmozzarella, jeweils in
3 Scheiben geschnitten
Chiliflocken
Salzflocken
Pfeffer aus der Mühle
etwas Crema Balsamico

1. Olivenöl in einer Pfanne erhitzen, Brotscheiben und Knoblauch darin portionsweise einige Minuten rösten. Den Ofen auf 180 °C Ober-/Unterhitze vorheizen.

2. Die Knoblauchbrote mit den Tomatenscheiben belegen. Zwiebelringe und Basilikumstreifen darauf verteilen. Auf jedes Brot 3 Scheiben Mini-Büffelmozzarella geben.

3. Die Brote auf einem mit Backpapier ausgelegtem Backblech in den Ofen schieben, bis der Mozzarella geschmolzen ist. Auf kleinen Tellern anrichten, mit Chiliflocken, Salzflocken und frisch gemahlenem Pfeffer bestreuen und etwas Crema Balsamico darüber träufeln.

Statt Butterbrot ein rot-weiß-grüner Brotzeitgenuss – Adriaflair trifft auf bayrische Brotbackkunst.

Weißer Obatzda

Zutaten
für 12 Portionen

60 g französischer Ziegencamembert
(ursprünglich 100 g – die Rinde
entfernt)
130 g französischer Ziegenweichkäse,
Rolle (ursprünglich 200 g – die Rinde
entfernt)
1 Frühlingszwiebel, fein gehackt
3 TL Schmand
2 TL Ziegenjoghurt natur, mild
1 Sternfrucht, ¼ in feine Würfel
geschnitten, den Rest in feine
Scheiben
Salz und Pfeffer aus der Mühle
Kresse
1 Frühlingszwiebel, in feine Ringe
geschnitten
2 EL Olivenöl
2 Brezen, in ca. 5 mm dicke Radl
(Scheiben) geschnitten

1. Camembert und Ziegenweichkäse grob zerkleinern und mit Frühlingszwiebeln, Schmand und Ziegenjoghurt zerdrücken. Die zerkleinerte
   Sternfrucht dazugeben und vermengen. Mit Salz und Pfeffer abschmecken.
   Mithilfe von 2 Esslöffeln Nocken formen und diese einzeln in kleine Gefäße
   oder auf Tellerchen setzen.

2. Etwas Kresse, Frühlingszwiebelringe und frischen Pfeffer über die Käse-
   nocken streuen und mit den Sternfrucht-Sternen dekorieren.

3. Etwas Öl in einer Pfanne erhitzen, die Brezen-Radl darin anrösten.
   Die Radl zusammen mit dem Obatzden anrichten.

Frisch aus Frankreich importiert – eine besonders edle Obatzda-Interpretation.

Bauernomelett mit Chorizo

Zutaten
für 6 Portionen (12 Muffins)

500 g Kartoffeln, geschält
1,5 EL Kokosfett
150 g Chorizo (spanische Knoblauch-wurst), gewürfelt
8 Frühlingszwiebeln, in feine Ringe geschnitten
1 rote Peperoni, entkernt und fein gehackt
1 Knoblauchzehe, fein gehackt
1 Bund Oregano, Blätter abgezupft und zerkleinert
1 Bund Thymian, die Blätter abgezupft
Salz und Pfeffer aus der Mühle
Chiliflocken
6 Eier, leicht aufgeschlagen
Aioli (Rezept s. Seite 66)

außerdem:
12 Muffinformen

1. Die Kartoffeln in ca. 5 mm große Würfel schneiden. In einer beschichteten Pfanne bei guter Temperatur 1 EL Kokosfett erhitzen. Die Kartoffelwürfel darin unter regelmäßigem Wenden braten, bis sie beinahe gar sind. In einer Schüssel zur Seite stellen.

2. Das restliche Kokosfett in der Pfanne erhitzen, die Temperatur etwas reduzieren. Nun die Chorizo, Frühlingszwiebelringe, die Peperoni, den Knoblauch und die Kräuter in die Pfanne geben und ca. 5 Minuten unter regelmäßigem Wenden braten.

3. Den Ofen auf 200 °C Ober-/Unterhitze vorheizen. Die Kartoffelwürfel mit in die Pfanne geben und unter regelmäßigem Rühren weitergaren, bis die Kartoffeln Farbe annehmen. Mit Salz, Pfeffer und Chiliflocken abschmecken. Die Eier hinzugeben und alles gut vermengen.

4. Die Kartoffel-Chorizo-Ei-Masse in 12 kleine Auflaufformen füllen. Für 10 Minuten im Ofen garen. Mit Aioli servieren.

In kleinen Förmchen gebacken, werden aus einem großen Omelett handliche Häppchen. Die Knoblauchwurst bringt Würze ins Spiel.

Brotzeitglaserl Egg & Bacon

Zutaten
für 6 Portionen

6 Toastbrotscheiben, geröstet
6 Scheiben Bacon
6 Eier
3 TL Cheddar, gerieben
3 Mini-Romatomaten, gewürfelt
1 Frühlingszwiebel, in feine Ringe
geschnitten
etwas Kresse
Salz und Pfeffer aus der Mühle

außerdem:
6 ofenfeste flache Dessertgläser oder
Muffinformen, gebuttert

1. Den Ofen auf 200 °C Umluft vorheizen. Aus den Toastbrotscheiben 6 Kreise in der Größe der Dessertgläser ausstanzen.

2. Die Toastbrotkreise in die gebutterten Gläser oder Muffinformen legen. Den Rand der Gefäße mit den Baconscheiben auskleiden.

3. In jedes Gefäß vorsichtig 1 Ei aufschlagen. Jeweils etwas Cheddar über die Eier streuen. Die Gefäße für 14 Minuten in den Ofen geben.

4. Vor dem Servieren Tomatenstücke, Frühlingszwiebelringe und Kresse gleichmäßig auf die Gläser verteilen. Salz und Pfeffer darüber geben.

*Bavarian Brunchgenuss.
Wir nennen diese Kreation
auch »Andersei«.*

Chips genga oiwei (immer).
Erst recht, wenn sie
so gut schmecken.
Achtung, Suchtgefahr!

Gmias-Chips mit Chili

Zutaten
für 6 Portionen

3 große gelbe Rüben (Karotten),
geschält
2 kleine Rote Beten, geschält
reichlich Kokos- oder ein anderes
Frittierfett
Salz- und Chiliflocken

1. Die gelben Rüben und die Roten Beten mit dem Sparschäler gleichmäßig in dünne Streifen bzw. Kreise schneiden.

2. In einem Topf oder einer Fritteuse reichlich Fett erhitzen. Erst nach und nach die Karottenstreifen (nicht zu viele zugleich), anschließend die Rote-Bete-Kreise frittieren. Das frittierte Gemüse zum Abtropfen kurz auf Küchenpapier legen. Großzügig mit Salz- und Chiliflocken bestreuen und sofort servieren.

Mein Tipp:

Beim Arbeiten mit Roten Beten am besten Einweghandschuhe tragen. Die Farbe des Gemüses bleibt an den Händen ansonsten recht lange erhalten.

♥ 03

Fisch *und* Meeresfrüchte

Saibling
Indian Masala

Zutaten
für 6 Portionen

ca. 340 g Saiblingsfilet, mit Haut,
ohne Gräten (bei Bedarf Gräten mit
Pinzette entfernen)
2 TL Limettensaft
3 kleine Knoblauchzehen, geschält
und fein gehackt
1 Stück Ingwer, ca. 3 cm, geschält und
gerieben
2 EL Joghurt
2 TL Sahne
½ TL Cayennepfeffer
1 TL Ajowan (Asiashop)
1 TL Garam Masala

außerdem:
Kokosfett oder Kokosöl zum Braten
zum Dekorieren etwas Koriander, nach
Belieben 1 rote Chilischote, entkernt
und in feine Streifen geschnitten
etwas Joghurt zum Servieren

1. Die Filets mit einem Küchentuch trockentupfen und in 12 gleich große Stücke schneiden. Für die Marinade Limettensaft, Knoblauch, Ingwer, 2 EL Joghurt, Sahne, Cayennepfeffer, Ajowan und Garam Masala miteinander vermischen.

2. Die Filets gründlich mit der Marinade vermengen und ca. 45 Minuten darin ziehen lassen.

3. Etwas Kokosfett in der Pfanne bei guter Temperatur erhitzen und die Filets von beiden Seiten ca. 2–3 Minuten braten.

4. Die Saiblingsfilets mit etwas Koriander dekorieren. Für eine Extraportion Schärfe nach Belieben noch einige Chilistreifen über die Saiblingsfilets geben. Joghurt dazu servieren.

Heimischer Süßwasser-fisch in einer feurigen indischen Marinade.

Fisch-Carpaccio in Aperol-Vinaigrette

Zutaten
für 6 Portionen

2 ganz frische Filets von der Lachsforelle, angefroren, die Gräten
entfernt (Pinzette)
3 EL Zitronensaft
8 TL Aperol
Salz aus der Mühle
frisch gemahlener Pfeffer
3 EL bestes Olivenöl, extra vergine
1 Frühlingszwiebel, in feine Ringe
geschnitten

außerdem:
ein paar Zitronenzesten zum Garnieren

1. Den angefrorenen Fisch mit einem scharfen Messer in sehr feine Scheiben schneiden und auf 6 kleinen Tellern anrichten.

2. Zitronensaft, Aperol, Salz, Pfeffer und Olivenöl verrühren und gleichmäßig auf dem Carpaccio verteilen.

3. Die Frühlingszwiebelringe über das Carpaccio streuen und mit den Zitronenzesten garnieren.

Italienisch inspiriert: Bei dieser »falschen« Vinaigrette sorgt der herbe Aperitiv für Abwechslung in der Marinade.

Asiapflanzerl von der Bachforelle

Zutaten
für 4 Portionen
(12 Pflanzerl)

350 g Bachforellenfilet (alternativ Saibling oder Lachsforelle), ohne Haut und Gräten

1 rote Peperoni, entkernt und fein gehackt

2 kleine Knoblauchzehen, sehr fein gehackt

1 Bund Koriander, die Blätter abgezupft und zerkleinert

2 Frühlingszwiebeln, in sehr feine Ringe geschnitten

2 EL Tahina-Paste (Sesampaste)

1 Ei

Salz und Pfeffer aus der Mühle

weißer oder schwarzer Sesam zum Wälzen

ca. 20 g Kokosfett

1 EL Kokosöl

Für die Soße:
6 EL helle Sojasoße

2 EL brauner Zucker

Saft von ½ Zitrone

2 cm Ingwer, fein gewürfelt

1. Für die Soße Sojasoße, Zucker, Zitronensaft und Ingwer miteinander verrühren.

2. Das Filet mit einem scharfen Messer in sehr kleine Stückchen schneiden – nicht in der Küchenmaschine zerkleinern, sonst wird es zur Farce und die Pflanzerl werden trocken. Den zerkleinerten Fisch mit Peperoni, Knoblauch, Koriander, Frühlingszwiebelringen, Tahina-Paste und dem Ei gründlich vermengen. Mit Salz und Pfeffer abschmecken.

3. Aus der Masse mithilfe eines Esslöffels 12 gleich große Kugeln formen und diese rundum gründlich in Sesam wälzen.

4. Kokosöl und Kokosfett in einer beschichteten Pfanne erhitzen. Wenn das Fett richtig heiß ist, die Fischpflanzerl hineingeben und rundum 5–6 Minuten frittieren. Auf kleine Teller verteilen und die Soja-Ingwersoße dazu reichen.

Das perfekte Rezept für Koriander-Fans. Durch die Sesamhülle werden die Pflanzerl schön knusprig.

Bachforelle im Bananenblatt

Zutaten für 6 Portionen

2 Zitronengrasstängel
1 rote Peperoni, entkernt und in sehr feine Streifen geschnitten
1 daumengroßes Stück Ingwer, gerieben
1 EL Limettensaft
Blätter von 1 Bund Koriander, gehackt
200 ml Kokosmilch
Salz
2 große Bananenblätter
etwas Öl
260–280 g Bachforelle ohne Haut und Gräten (ggf. mit der Pinzette nachhelfen)
6 sehr dünne Limettenscheiben

außerdem:
Küchengarn

1. Den Ofen auf 220 °C Umluft vorheizen. Die äußeren Blätter der Zitronengrasstängel entfernen, den weichen Kern klein hacken. Zitronengras, Peperoni, Ingwer, Limettensaft, Koriander, Kokosmilch und 1 Prise Salz in einem kleinen Gefäß vermengen.

2. Die Bananenblätter entlang der Rippen in ca. 10–12 cm breite Streifen schneiden. Gründlich abwaschen und die Innenseite mit Öl bestreichen.

3. Die Bachforelle in 12 gleich große Stücke schneiden und jeweils 2 Stücke in der Mitte eines Bananenblattstreifens platzieren. Die Seiten des Blattes etwas hochfalten.

4. Vorsichtig jeweils ca. 3 TL Kokosmilchmischung auf den Fisch geben, sodass möglichst nichts herausläuft, und die Limettenscheiben auf dem Fisch platzieren. Anschließend die Bananenblätter vorsichtig über dem Fisch zusammenfalten und mit Küchengarn gut verschließen. Auf einem Backblech in der Mitte des Ofens 8–10 Minuten garen.

Diese Päckchen sorgen für den richtigen Wow-Effekt auf der Tapas-Party. Bananenblätter findet man im Asialaden.

Steckerlgarnele mit Aioli

Zutaten
für 6 Portionen

4 EL Olivenöl
4 Knoblauchzehen, in Scheiben
geschnitten
2 rote Peperoni, entkernt und in feine
Ringe geschnitten
18 mittelgroße Garnelen, die Schalen
entfernt

Für die Aioli:
5 TL gute Bio-Mayonnaise
2–3 Knoblauchzehen, durch die
Knoblauchpresse gedrückt
Salz
nach Belieben Chiliflocken

außerdem:
18 Holzspieße
6 Scheiben Weißbrot

1. Für die Aioli Mayonnaise, Knoblauch und Salz verrühren. Nach Geschmack mit Chiliflocken verfeinern.

2. Das Olivenöl in einer Pfanne erhitzen. Knoblauch und Peperoni darin ca. 1 Minute anrösten. Die Garnelen zugeben und ca. 5 Minuten braten, bis sie leicht angeröstet sind.

3. Jeweils 1 Garnele auf 1 Spieß stecken und mit Aioli und Weißbrot servieren.

Sind im Gegensatz zum klassischen Steckerlfisch im Nu fertig. Besonders lässig: Die Spießchen in kleinen Vasen servieren.

Ceviche bávara

Zutaten
für 6 Portionen

2 EL bestes Olivenöl
Saft von ½ Zitrone
2 EL flüssiger Honig
2 große Erdbeeren, in kleine
Scheibchen geschnitten
1 Bund Koriander, gehackt
Salz und Pfeffer aus der Mühle
120 g Flusskrebse
1 Avocado, in Würfel geschnitten
18 Himbeeren
1 rote Peperoni, entkernt und in feine
Ringe geschnitten
1 Frühlingszwiebel, in feine Ringe
geschnitten
12 Mini-Büffelmozzarella, in kleine
Scheiben geschnitten
Chiliflocken

1. Olivenöl, Zitronensaft und Honig miteinander verrühren. Die Erdbeer-scheibchen und den Koriander hinzugeben und das Dressing mit Salz und Pfeffer abschmecken.

2. Flusskrebse, Avocadowürfel, Himbeeren, Peperoniringe, Frühlingszwiebel-ringe und Mozzarellascheiben gleichmäßig auf 6 Gefäße verteilen. Das Dressing darüber verteilen. Vorsichtig umruhren. Etwas Pfeffer und Chili-flocken darübergeben.

Bayrisch interpretiert kommt das peruanische Nationalgericht hier mit fruchtigem Beeren-dressing ins Schüsselchen.

04

Grünzeug und Suppen

Ein Schüsselchen bayrisch-
spanischer Genuss, mit
Minze, Jakobsmuscheln
und einem Hauch Serrano.

Erbsensupperl mit Jakobsmuschel

Zutaten
für 6 Portionen

300 ml Gemüsebrühe
450 g Bio-Tiefkühlerbsen
3 Frühlingszwiebeln, in Ringe
geschnitten
1 Bund Minze, ein paar Zweigerl zum
Garnieren zur Seite legen
1 große Knoblauchzehe, fein gehackt
Saft von ½ Limette
4–5 EL Sahne
Pfeffer aus der Mühle
Salz
1 TL Kokosfett
6 Jakobsmuscheln
3 Scheiben Serrano-Schinken,
vom Fett befreit und in kleine Stücke
gezupft

außerdem:
6 kleine Gefäße à ca. 100 ml

1. Für den Eintopf die Gemüsebrühe aufkochen, Erbsen hineingeben und ca. 5–8 Minuten köcheln, bis die Erbsen relativ weich sind.

2. Frühlingszwiebeln, Minze, die Hälfte des Knoblauchs und den Limettensaft hinzugeben. Den Topf vom Herd nehmen und den Inhalt mit dem Kartoffelstampfer nicht zu fein stampfen, sodass die Erbsen noch erkennbar sind. Der Eintopf sollte eine leuchtend grüne Farbe haben. 4–5 EL Sahne zugeben und mit Pfeffer und Salz kräftig abschmecken. Bis zum Servieren warmstellen.

3. Für die Jakobsmuscheln Kokosfett in der Pfanne bei starker Hitze schmelzen und den restlichen Knoblauch darin ganz kurz anrösten. Die Jakobsmuscheln zum Knoblauch geben und ca. 3 Minuten mitbraten. Den Serranoschinken dazugeben und 1 weitere Minute mitbraten. Jakobsmuscheln und Serrano-Schinken wenden und von der anderen Seite ebenfalls ca. 4 Minuten braten. Mit Pfeffer und Salz abschmecken.

4. Den Eintopf in 6 kleine Gefäße füllen, jeweils 1 Jakobsmuschel mittig auf den Eintopf setzen. Etwas frisch gemahlenen Pfeffer darübergeben und mit Serranostreifen und Minzzweigerln dekorieren.

Dal mit Weißwurstradln

Zutaten
für 10 Portionen

250 g rote Linsen
800 ml Wasser
½ TL Kurkuma
½ TL Salz
1 EL Kokosfett
1 TL Kreuzkümmel
1 Zwiebel, fein gehackt
3 Knoblauchzehen, fein gehackt
2 Weißwürste, in 5 mm breite
Scheiben geschnitten
6 kleine Romatomaten, halbiert
½ TL Cayennepfeffer
1 TL Garam Masala
Saft von ½ Limette
1 Bund Koriander, grob gehackt, ein
paar Blätter zum Servieren beiseite
legen
10 TL Naturjoghurt

1. Linsen im Wasser aufkochen, Salz und Kurkuma zugeben und bei mittlerer Temperatur ca. 20 Minuten gar köcheln.

2. In einer beschichteten Pfanne das Kokosfett erhitzen. Den Kreuzkümmel zugeben und kurz anrösten. Zwiebeln, Knoblauch, Weißwurstscheiben, Tomaten, Cayennepfeffer und Garam Masala zugeben. Alles zusammen unter regelmäßigem Wenden einige Minuten garen, bis die Wurstscheiben Farbe annehmen.

3. Den Inhalt der Pfanne mit den Linsen vermischen, Limettensaft und Koriander hinzugeben. Das Dal auf 10 kleine Schüsseln (ca. 100 ml) verteilen, jeweils 1 TL Joghurt darauf geben und mit etwas Koriander dekorieren.

Wenn die bayrische Lieblingswurst so exotisch daherkommt, darf sie vielleicht sogar einmal das Zwölf-Uhr-Läuten hören.

Erdapfelgangerl mit Salsiccia

Zutaten
für 6 Portionen

etwas Olivenöl
1 kleine Zwiebel, gehackt
400 ml Gemüsebrühe
400 g Kartoffeln, geschält und
gewürfelt
100 g Pastinaken, geschält und
gewürfelt
40 g Sahne
1 EL Schmand
Salz
Pfeffer aus der Mühle
½ rote Peperoni, entkernt und in
feine Ringe geschnitten
100 g Salsiccia, in 18 Scheiben
geschnitten
etwas Kresse
Salzflocken

außerdem:
6 kleine Gefäße (ca. 100 ml)
6 Holzspieße

1. Olivenöl in einem Topf erhitzen und die Zwiebel darin glasig dünsten. Mit der Brühe ablöschen. Kartoffeln und Pastinaken dazugeben und 10–15 Minuten bei mittlerer Hitze köcheln, bis das Gemüse gar ist.

2. Das Gemüse stampfen, Sahne und Schmand unterrühren und mit Salz und frisch gemahlenem Pfeffer abschmecken.

3. 1 EL Olivenöl in einer Pfanne erhitzen, Peperoni und Salsiccia darin einige Minuten knusprig braten.

4. Die Suppe auf 6 kleine Schüsseln verteilen und etwas Kresse, Salzflocken und Pfeffer darüber geben. Die Salsicciascheiben auf 6 kleine Spieße stecken und zum Servieren quer über die Schüsseln legen.

Erdapfelsupperl trifft auf würzige italienische Wurst. Ein Gaumenvergnügen!

Ofen-Süßkartoffel »en papillote«

Zutaten
für 6 Portionen

ca. 550 g Süßkartoffeln, geschält und
in ca. 2 cm große Würfel geschnitten
6 EL Olivenöl
3 Zweige Rosmarin, die Nadeln grob
zerkleinert
3 Knoblauchzehen, fein gehackt
Salz, Pfeffer und Chiliflocken

Für den Frühlingstopfen:
250 g Sahnetopfen (Sahnequark)
4 EL flüssige Sahne
1 Bund Schnittlauch, in feine Röllchen
geschnitten
1 EL Zitronensaft
1 kleine Knoblauchzehe, gepresst
Salz und Pfeffer aus der Mühle

außerdem:
6 × ofenfestes Butterbrot- oder Backpapier, ca. 30 cm Kantenlänge, doppelt
gelegt
Küchenschnur

1. Für den Frühlingstopfen Topfen, Sahne, Schnittlauch, Zitronensaft und Knoblauch vermengen und mit Salz und Pfeffer abschmecken.

2. Den Ofen auf 200 °C Umluft vorheizen. Die Süßkartoffelwürfel gleichmäßig auf die 6 Butterbrotpapiere verteilen, jeweils mittig platzieren. Je 1 EL Olivenöl darüber geben, Rosmarin, Knoblauch, Salz, Pfeffer und Chiliflocken über die Kartoffelwurfel streuen.

3. Das Papier wie ein »Bonbon« verschließen, an den Enden zusammenraffen, mit Küchenschnur zubinden und auf ein Backblech setzen. Für 20–23 Minuten im Ofen garen.

4. Das Gemüse im geschlossenen Päckchen servieren, den Frühlingstopfen dazu reichen.

Mit Süßkartoffel und frischem Rosmarin im Päckchen zubereitet, wird aus der ollen Ofenkartoffel eine kleine Köstlichkeit.

Steinpilzpfandl mit Mozzarella und Salsiccia

Zutaten
für 6 Portionen

1 EL Butter
300 g Steinpilze, geputzt und halbiert
100 g Salsiccia, in 12 Radl (Scheiben) geschnitten
2 Frühlingszwiebeln, geputzt, in feine Ringe geschnitten
6 kleine »Nadelbüschel« von einem Rosmarinzweig
12 schöne Salbeiblätter
Salz
2 Büffelmozzarella, in 12 gleich große Teile zerteilt
Pfeffer aus der Mühle

außerdem:
6 ofenfeste Gefäße (Auflaufförmchen oder kleine Pfännchen)

1. Ofen auf 180 °C (Umluft) vorheizen. Butter in einer beschichteten Pfanne bei kräftiger Hitze schmelzen. Steinpilze, Salsiccia und Frühlingszwiebelringe in die Pfanne geben und 3–4 Minuten unter regelmäßigem Wenden anrösten.

2. Die Hitze etwas reduzieren und Rosmarin und Salbei hinzugeben. Weitere 2 Minuten garen, die Pfanne dabei ab und an etwas schwenken. Obacht geben, dass die Kräuter nicht verbrennen! Mit 1–2 Prisen Salz abschmecken.

3. Den Inhalt der Pfanne gleichmäßig auf 6 ofenfeste Gefäße verteilen. Obenauf jeweils 2 Stückchen Büffelmozzarella legen.

4. Die Steinpilzpfanderl 3–5 Minuten im Ofen überbacken, bis der Mozzarella geschmolzen ist. Vor dem Servieren großzügig mit frisch gemahlenem Pfeffer bestreuen.

Das intensive Aroma der Waldpilze harmoniert prima mit der Würze der italienischen Lieblingswurst.

Rosenkohlgmias con Chorizo y Queso de Cabra

Zutaten für 6 Portionen

3 EL Olivenöl

2 Frühlingszwiebeln, in feine Ringe geschnitten

100 g Chorizo (spanische Knoblauchbratwurst), in Würfel von ca. 5 mm geschnitten

3 EL Pinienkerne

Nadeln von 3 Thymianzweigen, ein paar Spitzen zur Deko aufbewahren

Blätter von 16 Rosenkohlröschen, geputzt

60 g vom Inneren der spanischen Ziegenkäserolle (Queso de Cabra), grob zerbröselt

6 TL flüssiger Akazienhonig

Pfeffer aus der Mühle

1. Olivenöl in einer beschichteten Pfanne erhitzen. ²/₃ der Frühlingszwiebelringe, Chorizowürfel, Pinienkerne und Thymian bei mittlerer Hitze ca. 4 Minuten unter stetem Rühren rösten.

2. Die Temperatur reduzieren, dann die Rosenkohlblätter hinzugeben. Bei geschlossenem Deckel weitere 4 Minuten garen, die Rosenkohlblätter sollen ihre grüne Farbe behalten und noch Biss haben. Zwischendurch die Pfanne schwenken oder das Gemüse umrühren.

3. Das Rosenkohlgmias auf 6 Tellerchen verteilen. Den Ziegenkäse gleichmäßig darüberbröseln und die restlichen Frühlingszwiebelringe darauf verteilen. Zum Schluss den Honig darübergeben und mit etwas frisch gemahlenem Pfeffer abschmecken.

Rosenkohl kann auch anders: Scharf, süß, knusprig & cremig – dieses kleine Gericht hat viele Facetten.

Quisibisi im Paradeiserl

Zutaten
für 6 Portionen

6 große Tomaten, am besten Ochsen-
herztomaten
Salz
200 g schwarzer Quinoa
70 g Brokkoli, sehr kleine Röschen
120 g Thaispargel, die unteren Enden
entfernt, gedrittelt
100 g Bio-Tiefkühlerbsen
4 EL Olivenöl
3 cm Ingwer, gerieben
½ rote Peperoni, entkernt und fein
gehackt
1 Knoblauchzehe, gepresst
3 Frühlingszwiebeln, in feine Ringe
geschnitten
Saft von 1 Limette
ca. 400 g milder Ziegenjoghurt, natur

1. Von den Tomaten jeweils einen Deckel mit dem Messer abtrennen und beiseitelegen. Die Tomaten aushöhlen, das Fruchtfleisch würfeln und ebenfalls beiseitelegen.

2. 500 ml Wasser mit etwas Salz zum Kochen bringen. Quinoa ins kochende Wasser geben, Deckel auflegen, leicht köcheln lassen, dabei gelegentlich umrühren. Nach 10 Minuten Brokkoli und Thaispargel hinzugeben und weitere 5 Minuten köcheln. Kurz vor Ende der Garzeit die Erbsen mit in den Topf geben.

3. Während das Gemüse fertig gart, in einer Pfanne das Olivenöl erhitzen. Ingwer, Peperoni, Knoblauch, Tomatenfruchtfleisch und Frühlingszwiebelringe für einige Minuten garen, bis die Flüssigkeit verdampft ist. Mit Limettensaft ablöschen. Die Quinoa-Gemüsemischung in die Pfanne geben, alles gut vermengen und in die ausgehöhlten Tomaten füllen. Ziegenjoghurt separat dazu servieren.

Risibisi ist ein alter Hut – aber das hier ist neu und schmeckt famos: schwarzer Quinoa und Thaispargel, mit Erbsen kombiniert und im Ochsenherzerl angerichtet.

'A Schneckerl fürs
Schneckerl – und so ein
leckeres noch dazu!

Gmiasschneckerl Paysanne

Zutaten
für 6 Portionen

2 mittelgroße Zucchini, grün
2 mittelgroße Zucchini, gelb
2 größere Karotten, violett
2 größere Karotten, gelb
1 Rolle Blätterteig
6 TL Crème fraîche
Salz und Pfeffer aus der Mühle
1 Frühlingszwiebel, in feine Ringe
geschnitten
5 EL Olivenöl
2 EL Zitronensaft
Salzflocken
Zitronenthymian
1 Ei und 1 EL Milch, verquirlt

außerdem:
6 kleine Quiche- oder Tarte-Förmchen
mit Hebeboden, ca. 8 cm Durchmesser,
gebuttert

1. Die Zucchinis und die Karotten mit dem Sparschäler in dünne Scheiben hobeln. Die Scheiben sollten ungefähr dieselbe Breite haben, falls nötig mit dem Messer zuschneiden. Den Ofen auf 190° Umluft vorheizen.

2. Aus dem Blätterteig 6 Kreise mit ca. 10 cm Durchmesser ausstechen. Die Förmchen mit den Teigkreisen auskleiden. Jeweils 1 TL Crème fraîche auf den Teigböden verstreichen, etwas Salz und Pfeffer darauf geben. Die Frühlingszwiebelringe auf die Formen verteilen.

3. Eine Zucchinischeibe eng aufrollen. Anschließend immer abwechselnd die unterschiedlichen Gemüse eng darumwickeln, sodass eine bunte »Schnecke« entsteht. Sobald knapp der Durchmesser der Tarteform erreicht ist, die Gemüseschnecke auf dem Teigboden platzieren. Für die weiteren 5 Schnecken ebenso verfahren.

4. Etwas Olivenöl und Zitronensaft über die Gemüseschnecken träufeln, Salzflocken, Zitronenthymian und Pfeffer darüber geben. Den Teigrand mit der Eiermilch bestreichen. Die Schnecken 30 Minuten im Ofen backen, bis der Teig goldbraun ist. Vorsichtig den Hebeboden anheben und so die Schnecken aus der Form heben.

Eine bayrisch-asiatische Köstlichkeit aus dem Bambusdampfkorb.

Schwammerl-Dim-Sum mit Sojasoß'

Zutaten
für 6 Portionen

1 EL Butter
1½ rote Peperoni, entkernt und fein gehackt
3 kleine Knoblauchzehen, fein gehackt
3 Schalotten, fein gehackt
120 g Steinpilze, in kleine Würfel geschnitten
3 Prisen getrockneter Thymian
Salz und Pfeffer
18 Wan-Tan-Blätter

Für die Soße:
3 TL Zitronensaft
3 EL helle Sojasoße
3 EL Sweet-Chili-Chicken-Soße

1. Die Butter in der Pfanne erhitzen. Peperoni, Knoblauch und Schalottenwürfel 1–2 Minuten anschwitzen. Pilze und Thymian hinzugeben und weitere 5–7 Minuten anrösten, bis die Pilze leicht knusprig sind. Mit Salz und Pfeffer abschmecken.

2. Jeweils in die Mitte der Wan-Tan-Blätter 1 TL der Pilzmischung geben. Die Ränder der Blätter mit Wasser bestreichen und die Blätter zu kleinen Säckchen zusammenfalten, leicht andrücken, damit sie nicht auseinanderfallen.

3. Den Boden des Bambusdämpfkorbes mit Öl bestreichen, die Dim Sum hineinsetzen und für 8–10 Minuten dämpfen.

4. Währenddessen für die Soße Zitronensaft, helle Sojasoße und Sweet-Chili-Chicken-Soße miteinander vermengen. Zu den Dim Sum servieren.

Tipp:

Für 6 süße Dim Sum 6 getrocknete Soft-Aprikosen, fein gewürfelt, mit 2 EL braunem Zucker und einer Prise Chiliflocken vermischen und als Füllung in die Wan-Tan-Blätter geben. Zusammenfalten, dämpfen.

Zucchini-Reiberdatschi

Zutaten
für 6 Portionen

350 g Zucchini, grob geraspelt, mit einem Küchentuch die Feuchtigkeit aufnehmen
110 g Bio-Feta, zerbröselt
10 g Minze, gehackt
2 Eier, verquirlt
100 g Dinkelmehl – Typ 630
Salz und Pfeffer aus der Mühle
reichlich Olivenöl

Für das Tsatsiki:
½ Salatgurke, geschält
250 g griechischer Joghurt
125 g Sahnequark
2 Zehen Knoblauch, gepresst
10 g Dill, fein gehackt
Weißweinessig
Olivenöl
Salz und Pfeffer aus der Mühle

1. Für das Tsatsiki die Gurke halbieren, die Kerne herausschaben und die Gurke grob reiben. Die Gurkenraspel mit Joghurt, Quark, Knoblauch und Dill vermengen. Mit Essig, Öl, Salz und Pfeffer abschmecken.

2. In einer Schüssel Zucchiniraspel, Feta, Minze, Eier und Mehl gut vermengen. Mit Salz und Pfeffer abschmecken.

3. Olivenöl in der Pfanne erhitzen. Mit einem Teelöffel kleine Kugeln in die Pfanne setzen und etwas flachdrücken. Die Zuchinipuffer portionsweise 2–3 Minuten von jeder Seite bei mittlerer Hitze goldbraun ausbacken, bei Bedarf im Ofen warmhalten.

4. Pro Person 4 Reiberdatschi mit Tsatsiki servieren.

Zucchini aus dem sommerlichen Garten oder vom Viktualienmarkt – verwandelt in griechische Mezze. Vorfreude auf den Urlaub.

Schwammerlzeit

frische Steinpilze,
Pfifferlinge,
Egerlinge & Co

Lila
Kartoffel-
lust

Regional & saisonal – einfach genial!

Wie gut man auch immer kochen kann: Ohne hochwertige, frische und naturbelassene Zutaten wird kein Gericht perfekt.

Würzmischungen, Convenience-Produkte oder Fertiggerichte sind bis auf wenige Ausnahmen ungesund und schmecken nie so gut wie hausgemachte Speisen.

Bio finde ich grundsätzlich sehr gut, doch gilt es dabei zu unterscheiden zwischen hochwertigen Bio-Siegeln und »halbscharigen« – zweifelhaften – Discounterprodukten.

Wichtig – wahrscheinlich sogar wichtiger – sind mir regionale Zutaten. Denn wenn ich Bio-Erdbeeren kaufe, ist das eine herrliche Sache, kommen die Bio-Erdbeeren aber aus Israel, ist der Schaden für die Umwelt größer als der Nutzen. Dann vielleicht einfach warten, bis die Erdbeeren in Deutschland Saison haben. Zu dieser Zeit schmecken sie doch am allerbesten. Das geht natürlich schlecht bei Ananas, Granatapfel und Co. – bei diesen »exotischen« Zutaten achte ich darauf, nur Produkte aus fairem Handel zu beziehen und sie nicht inflationär zu verwenden.

Bei uns in der Nähe gibt es eine Fischzucht, einen Bauern, bei dem die Hühner noch mit Gerste gefüttert werden, einen Bio-Hof, auf dem Rinder gezüchtet werden, und einen Jäger. Vielleicht haben auch Sie die Gelegenheit, Ihre Lebensmittel auf diese Weise zu beziehen? Es gibt mir ein viel besseres Gefühl, wenn ich sehen kann, wie die Tiere gefüttert werden und wo sie aufwachsen. Frisches Obst auf dem Wochenmarkt zu kaufen macht ebenfalls wesentlich mehr Spaß als in Folie eingeschweißtes Gemüse im Supermarkt – gerade weil der Apfel vielleicht mal eine kleine Macke hat, die Gurken nicht alle dieselbe Länge aufweisen.

Natürlich sind Lebensmittel in dieser Form etwas kostspieliger. Wenn man aber etwas bewusster mit den Waren umgeht, zum Beispiel indem man aus Resten ein neues Essen kreiert, anstatt diese wegzuwerfen, fallen die Zusatzkosten in der Haushaltskasse gar nicht mehr so sehr auf. Und das Schöne daran: Bei dieser Gelegenheit erfindet man möglicherweise ein neues Lieblingsgericht.

Ricottaknöderl mit Salbeibutter

Zutaten
für 6 Portionen (18 Stück)

250 g Ricotta
50 g Baby-Spinat, grob zerkleinert
25 g Parmesanblätter, grob mit den Händen zerrieben, ein paar extra zum Servieren
100 g Dinkelmehl, etwas mehr zum Wenden
1 Frühlingzwiebel, fein gehackt
1 Ei
Salz und Pfeffer aus der Mühle
ca. 50 g Butter
12 kleinere Salbeiblätter
6 Mini-Romatomaten, klein gewürfelt

1. Ricotta, Spinat, Parmesan, Mehl, Frühlingszwiebel und Ei vermengen. Mit Salz und Pfeffer abschmecken.

2. Einen Topf mit Wasser zum Kochen bringen. Mithilfe von 2 Teelöffeln kleine Knödel formen und in Mehl wenden. Anschließend 3–4 Minuten in das kochende Wasser geben, bis die Knödel oben schwimmen. Die Knödel aus dem Wasser nehmen.

3. Die Butter in der Pfanne schmelzen, zunächst die Salbeiblätter, dann die Ricottaknödel zugeben und einige Minuten knusprig braten. Die Pfanne vom Herd nehmen und die Tomaten untermengen.

4. Die Knödel gleichmäßig auf 6 kleine Gefäße verteilen und einige Parmesanblätter darüber zerreiben.

Diese bayrisch-italienischen Miniknöderl sind einfach wunderbar – und im Nu fertig.

Schmortöpferl Picandou

Zutaten
für 6 Portionen

6 kleine gelbe Rüben
3 Pastinaken
2–3 Rote Beten
6 Frühlingszwiebeln
6 kleine Knoblauchzehen
6 TL Zitronenthymian
6 EL Olivenöl
Salzflocken und Pfeffer aus der Mühle
2 Stück Picandou (kleine französische Ziegenkäse)
etwas Crema Balsamico
nach Belieben einige Zitronenthymianzweige zum Dekorieren

außerdem:
6 kleine Schmortöpfchen oder Auflaufförmchen mit Deckel

1. Den Ofen auf 160 °C Umluft vorheizen. Gelbe Rüben, Pastinaken und Rote Beten putzen. Das Gemüse in schöne, längliche Stücke schneiden und gleichmäßig auf die Schmortöpfchen verteilen.

2. Die Frühlingszwiebeln putzen, die Wurzelspitze kappen und die Zwiebeln auf eine Länge von etwa 6 cm kürzen. Jeweils die letzten 5 cm des Frühlingszwiebelgrüns so einschneiden, dass ein »Schweif« entsteht, dann auf das Gemüse legen. Die Knoblauchzehen abziehen und jeweils eine im Ganzen in die Schmortöpfchen geben.

3. Über jedes Töpfchen ca. 1 TL abgezupfte Thymianblätter streuen. Jeweils 1 EL Olivenöl darüber geben. Salzen und pfeffern. Die Töpfe mit den Deckeln verschließen und das Gemüse 30 Minuten im Ofen garen.

4. Vor dem Servieren über jedes Töpfchen ⅓ eines Picandou bröseln. Etwas Crema Balsamico auf das Gemüse träufeln und nach Belieben mit Thymianzweigen dekorieren.

Eine gut vorzubereitende Tapas-Variation, die nicht nur Vegetarier glücklich macht.

Rote-Bete-Nockerl mit Krensoß'

Zutaten
für 8 Portionen

150 g Kartoffeln, vorwiegend fest-
kochend, gekocht, grob gerieben
100 g Süßkartoffeln, gekocht, grob
gerieben
250 g Rote Bete, gekocht, grob gerieben
2 Eier
90 g Dinkelmehl
Salz und Pfeffer aus der Mühle
Olivenöl zum Braten
250 g Sahne
2 TL Reismehl
3 EL frisch geriebener Kren (Meerrettich), etwas mehr zum Servieren
etwas Kresse

1. In einer Schüssel Kartoffeln, Süßkartoffeln und Rote Bete mit den Eiern und dem Dinkelmehl vermengen. Kräftig mit Salz und Pfeffer abschmecken.

2. Olivenöl in einer Pfanne bei mittlerer Temperatur erhitzen. Aus der Kartoffel-Rote-Bete-Masse mithilfe zweier Teelöffel 12 kleine Nocken aus-stechen und diese in der Pfanne von allen 3 Seiten je ca. 2 Minuten braten.

3. Während die Nocken braten, die Sahne in einem Topf zum Kochen bringen. Reismehl und 3 EL Kren hinzufügen und so lange bei mäßiger Hitze köcheln lassen, bis die Soße leicht sämig wird.

4. Zum Servieren jeweils 3 Nocken auf einen kleinen Teller geben, mit dem restlichen Meerrettich bestreuen. Die Krensoße separat dazu servieren und mit der Kresse dekorieren.

*Für Liebhaber von
Mehlspeisen einfach ein
Leib- und Magengericht.
Südtirol trifft Bayern.*

Kartoffelsalat Perigord

Zutaten
für 6 Portionen

500 g Kartoffeln (am besten sehr kleine
Drillinge), gewaschen
130 Süßkartoffel, gewaschen
3 EL Olivenöl
½ rote Peperoni, entkernt und fein
gehackt
2 Knoblauchzehen, fein gehackt
2–3 Scheiben Perigord (luftgetrockneter französischer Schinken), grob
in Stücke gezupft
120 g braune Champignons, geputzt,
in Scheiben geschnitten
1 Bund Kräuter der Provence (Salbei,
Thymian, Rosmarin), die Blätter ab-
gezupft/zerkleinert
5 Frühlingszwiebeln, in Ringe
geschnitten
1 Romanasalatherz, zerkleinert

Für das Dressing:
30 ml weißer Balsamico-Essig
1 EL Zitronensaft, frisch gepresst
50 ml Olivenöl
Salz und Pfeffer aus der Mühle

1. Kartoffeln und Süßkartoffeln mit Schale gar kochen, anschließend pellen.
Größere Kartoffeln halbieren, Süßkartoffel in große Würfel schneiden.

2. Olivenöl in einer Pfanne erhitzen, Peperoni, Knoblauch und Schinken für
1 Minute garen. Champignons und Kräuter der Provence dazugeben und
5–6 Minuten anrösten. Anschließend die Frühlingszwiebeln hinzugeben und
weitere 2–4 Minuten garen.

3. Während das Gemüse gart, für das Dressing Balsamico und Zitronensaft verrühren, nach und nach das Öl unterrühren, mit Salz und Pfeffer abschmecken.

4. Die Pilzmischung und das Dressing über die Kartoffeln geben, den Romanasalat direkt vor dem Servieren hinzugeben und alles vorsichtig vermengen.
Lauwarm servieren.

Mit würzigem Schinken und einer feinen Kräuter-Vinaigrette wird der Kartoffelsalat zum High-light auf der Tapas-Tafel.

Süß und verführerisch

Apfelkiachal auf jamaikanisch: mit saftigen Ananas und aromatischem Rum.

Ananaskiachal Jamaica

Zutaten
für 12 Portionen

½ Hefewürfel
300 ml warmes Wasser
50 ml brauner Rum, leicht erwärmt
3 EL brauner Zucker
1 Prise Salz
½ Vanilleschote, ausgekratzt
250 g Dinkelmehl Typ 630
reichlich Kokosfett
200 g frische Ananas, in ca. 36 Stücke
geschnitten

Zum Wälzen:
6 EL brauner Zucker
½ TL Zimt
etwas Vanille aus der Vanillemühle

außerdem:
kleine Holzspießchen

1. Die Hefe in eine große Schüssel bröseln, Wasser und Rum dazu gießen und verrühren, sodass die Hefe sich auflöst. Zucker, Salz, Vanillemark sowie Mehl hinzugeben und mit dem Handrührgerät zu einem glatten, zähflüssigen Teig verrühren. Mit einem Küchentuch abdecken und für ca. 30 Minuten an einem warmen Ort gehen lassen.

2. Das Kokosfett in einer Pfanne erhitzen. Die Ananasstücke mit einer Gabel in den Teig tauchen und portionsweise direkt in das heiße Fett geben. Einige Minuten frittieren, bis sie knusprig sind. Nicht zu viele Ananasstückchen zugleich in die Pfanne geben.

3. Die Ananaskiachal kurz auf Küchenpapier abtropfen lassen. Zucker und Zimt vermischen und die Kiachal in der Zucker-Zimt-Mischung wälzen.

4. Die Kiachal auf kleine Teller verteilen und jeweils ein Spießchen dazu stecken. Vor dem Servieren etwas Vanille aus der Mühle über die Kiachal geben.

Mein Tipp:

Kokosfett ist sehr gesund, wirkt sich begünstigend auf den Cholesterin-spiegel aus und ist gerade zum Braten und Frittieren normalen Ölen (z. B. Olivenöl) vorzuziehen, da es einen sehr hohen Rauchpunkt hat. Ich benutze es bei fast allen Gerichten.

Bavarian Cheesecake reloaded

Zutaten
für 12 Portionen

85 g Amarettini
50 g Schlagsahne
175 g Doppelrahmfrischkäse
200 g Topfen (Quark)
1 EL Zitronensaft
3 EL Zucker
300 g Granatapfelkerne

außerdem:
12 Gläser

1. Die Amarettini in einen Frischhaltebeutel geben, verschließen und mit dem Nudelholz grob zerstoßen. Die Amarettinibrösel gleichmäßig auf die Gläser verteilen.

2. Die Sahne steif schlagen. Frischkäse, Topfen, Zitronensaft und Zucker vermengen, die Schlagsahne unterheben.

3. Je 1 EL Granatapfelkerne auf die Amarettinibrösel geben. Darauf die Creme verteilen. Zum Abschluss eine weitere Schicht Granatapfelkerne auf die Creme geben.

Besonders praktisch:
Dieser kleine »Kuchen« funktioniert ohne Backen und ist zudem im Nu fertig.

Unsere alten bayrischen Apfelsorten sind für Allergiker oftmals besser verträglich als moderne Sorten.

Tarte Tartin mit niederbayrischem Apfel

Zutaten
für 6 Muffinformen oder 12 Mini-Muffinformen

1–2 Rollen Blätterteig
1 Bayerischer Bio-Apfel, z. B. »roter Aloisius«, geschält, halbiert und entkernt
60 ml Wasser
150 g feiner Zucker
50 g Butter + 1 EL zum Einfetten
1 Ei und 1 EL Milch, verquirlt
etwas Puderzucker

außerdem:
6 Muffin- oder 12 Mini-Muffinformen

1. Den Ofen auf 180 °C Umluft vorheizen. Aus dem Blätterteig 6 (bzw. 12) Kreise ausstechen, ca. 5 mm breiter als der Durchmesser der Muffinformen. Die Apfelhälften in jeweils 8 feine Spalten schneiden, diese dann halbieren (für Mini-Muffinformen in kleine Stücke schneiden).

2. Wasser und Zucker in einer beschichteten Pfanne langsam unter stetigem Rühren erhitzen, bis der Zucker sich vollständig aufgelöst hat. Dann bei mittlerer Hitze ohne Rühren weiterköcheln, bis sich ein hellbrauner Sirup gebildet hat. Nun die Butter einrühren und die Pfanne vom Herd nehmen.

3. Die Muffinformen mit 1 EL Butter einfetten. Den Karamellsirup auf die Formen verteilen und die Apfelstücke darauf geben. Die Teigkreise jeweils so auf den Äpfeln platzieren, dass der Rand noch in die Form hineingeschoben werden kann. Den Teigdeckel in der Mitte 5 mm – 1 cm einritzen und mit der Eiermilch bestreichen.

4. Die Tarte Tartins 30–35 Minuten im Ofen goldbraun backen. Vorsichtig stürzen, das Karamell ist sehr heiß! Mit etwas Puderzucker bestäubt servieren.

Blueberry-Gugelhupf

Zutaten
für 12 kleine
Gugelhupf-Kuchen

270 g Mehl
170 g Zucker
1 TL Backpulver
250 g Sauerrahm
2 Eier
80 ml Rapsöl
1 Vanilleschote, das Mark herausgekratzt
150 g Blaubeeren

außerdem:
12 Gugelhupfformen mit ca. 125 ml Füllmenge
etwas Butter und Semmelbrösel zum Ausstreuen der Formen
Puderzucker zum Bestäuben

1. Den Ofen auf 180 °C Umluft vorheizen. Mehl, Zucker, Backpulver, Sauerrahm, Eier, Rapsöl und Vanillemark zu einem glatten Teig verrühren. Anschließend die Blaubeeren vorsichtig unterheben.

2. Die Formen buttern, mit den Semmelbröseln ausstreuen und zu ca. ⅓ mit dem Teig füllen. 13–15 Minuten backen.

3. Die Blueberry-Gugelhupfe in der Form auskühlen lassen und vorsichtig stürzen. Mit Puderzucker bestäuben.

Zarte Küchlein mit Vanilleduft, amerikanisch inspiriert.

Crumble mit heimischen Früchten

Zutaten für 6 Portionen

250 g Mehl
125 g kalte Butter, in Stücke geschnitten
200 g Zucker
ca. 480 g heimische Früchte, z. B. Blaubeeren, Erdbeeren, Brombeeren und Himbeeren.

außerdem:
6 kleine Auflaufformen, ca. 150 ml Inhalt

1. Den Ofen auf 180 °C Umluft vorheizen. Mehl, Butter und Zucker miteinander verkneten und mit den Händen zu krümeligen Streuseln bröseln.

2. Die Beeren waschen und verlesen, große Erdbeeren halbieren oder vierteln. Gleichmäßig auf die Auflaufformen verteilen. Die Streusel darüber streuen, sodass das Obst komplett bedeckt ist.

3. Die Crumbles ca. 30 Minuten im Ofen backen, warm servieren.

Die amerikanische Variante des Streuselkuchens, besonders lecker mit selbst gepflückten Beeren.

Canadian Strudelsackerl

Zutaten
für 6 Portionen

1–2 Rollen Blätterteig (für 6 Kreise, Durchmesser 13 cm)
1 Apfel
6 TL Erdbeerkonfitüre
6 TL getrocknete Cranberries, große Früchte
6 TL getrocknete Kirschen
6 TL gehackte Pistazien
6 TL brauner Zucker
6 kleine Butterflocken
1 Ei und 1 EL Milch, verquirlt

außerdem:
Küchengarn

1. Den Ofen auf 190 °C Umluft vorheizen. Aus dem Blätterteig Kreise mit 13 cm Durchmesser ausstechen oder -schneiden. Den Apfel schälen, halbieren und in ca. 5 mm große Würfel schneiden.

2. Jeweils 1 TL Erdbeerkonfitüre in die Mitte der Blätterteigkreise geben und verstreichen. Darauf jeweils einen TL Apfelwürfel, Cranberries, Kirschen, Pistazien, brauner Zucker und eine Butterflocke geben.

3. Den Rand der Kreise jeweils zu einem Säckchen zusammenraffen. Vorsichtig das Küchengarn um den zusammengerafften Rand schlingen und eine Schleife binden.

4. Die Sackerl mit der Eiermilch bestreichen und auf ein mit Backpapier ausgelegtes Blech setzen. Ca. 25 Minuten backen, bis die Sackerl goldbraun sind.

Die Strudelsackerl haben das Potenzial zum neuen Lieblings-dessert, versprochen!

Bayrisch Creme mit Mangopüree

Zutaten
für 12 Portionen

4 Blatt Gelatine
500 ml Milch
1 Vanilleschote, das Mark herausgekratzt
5 Eigelb
120 g feiner Zucker
400 g Sahne
3 Mangos
nach Geschmack etwas brauner Zucker

außerdem:
12 kleine Gefäße

1. Die Gelatine in kaltem Wasser einweichen.

2. Milch und Vanillemark in einem Topf erhitzen. Eigelb und Zucker cremig rühren. Die Vanillemilch mit der Eigelb-Zucker-Mischung in eine Metall-schüssel geben und gut verrühren.

3. Die Gelatine ausdrücken und zur Vanillemilch-Eigelb-Zucker-Mischung geben. Über dem kalten Wasserbad cremig rühren. Vorsichtig weiterrühren, bis die Gelatine sich komplett aufgelöst hat.

4. Die Sahne steif schlagen und unterheben. 12 kleine Gefäße je 2–3 cm hoch mit der Creme füllen. Mehrere Stunden kalt stellen, bis die Creme steif geworden ist.

5. Die Mangos halbieren, das Fruchtfleisch herausschneiden und pürieren, nach Geschmack etwas braunen Zucker dazugeben. Kurz vor dem Servieren das Mangopüree über die Creme geben.

Ein bayrischer Klassiker mit fruchtigem Topping.

Tapas menüs

♥

Für ganz besondere Gäste

... darf es a bisserl aufwendiger sein

1 Fisch-Carpaccio in Aperol-Vinaigrette (Seite 60)

2 Glasierte Ripperl (Seite 24)

3 Gmiasschneckerl Paysanne (Seite 86)

4 Panzanella-Scherzerl (Seite 42)

5 Orientalischer Kinihas (Seite 36)

6 Tarte Tartin mit niederbayrischem Apfel (Seite 108)

Biergarten-Tapas

... für den schönsten Ort der Welt

Foccacia-Brezen (Seite 44)

Weißer Obatzda (Seite 48)

Serrano-Feigen-Schmankerl
(Seite 40)

Quisibisi im Paradeiserl
(Seite 84)

Ceviche bávara
(Seite 68)

Bavarian Cheesecake reloaded
(Seite 106)

Alles Europa

... bayrisch-europäische Tapas

Fisch-Carpaccio in
Aperol-Vinaigrette (Seite 60)

Bavarian Empanadas mit
Waldheidelbeeren (Seite 16)

Mini-Brathendl-Pies (Seite 18)

Zucchini -Reiberdatschi
(Seite 90)

Rote-Bete-Nockerl mit
Krensoß'(Seite 98)

Crumble mit heimischen
Früchten (Seite 112)

Asiatisch inspiriert

... für die nächste Sommerparty

1

Mongdratzerl im Salatblatt
(Seite 14)

2

Asiapflanzerl von der
Bachforelle (Seite 62)

3

Rosmarin-Puten-Spießerl
(Seite 12)

4

Bachforelle im Bananenblatt
(Seite 64)

5

Spanferkel-Minirollbraten
(Seite 34)

6

Bayrisch Creme mit
Mangopüree (Seite 116)

Bayerisch-Orientalisch

... für kuschelige Abende

Gmias-Chips mit Chili
(Seite 54)

Dal mit Weißwurstradln
(Seite 74)

Tafelspitzspießerl mit
Granatapfelsoß' (Seite 28)

Saibling Indian Masala
(Seite 58)

Kebab-Spießerl mit
Joghurtsoß' (Seite 22)

Ananaskiachal Jamaica
(Seite 104)

Das schnelle Menü

... wenn's amoi a weng pressiert

1 Erbsensupperl mit Jacobs-muschel (Seite 72)

2 Steckerlgarnele mit Aioli (Seite 66)

3 Schmortöpferl Picandou (Seite 96)

4 Rehpflanzerl Asiastyle (Seite 20)

5 Bauernomelett mit Chorizo (Seite 50)

6 Canadian Strudelsackerl (Seite 114)

Rezeptregister

Über die Autorin

2001 eröffnete Mo Gämmerler die Eierwiese in München-Grünwald – gemeinsam mit ihrem Mann Marcus Gämmerler, der das Restaurant leitet. Das Lokal ist bekannt durch seine international inspirierte bayerische Küche. Anregungen für ihre kreativen Rezepte findet Mo auf Reisen, auf kulinarischen Streifzügen oder einfach beim Experimentieren am Herd. Weitere Infos: www.eierwiese.de

Über den Fotografen

Peter Raider arbeitet seit 1994 als selbstständiger Fotograf, zunächst im Bereich Mode und People, bevor er seine Liebe für die Still-Life-Fotografie entdeckte. Er arbeitet für Zeitschriften aus dem Bereich Food, Wohnen & Deko, Gesundheit sowie Flowers & Garden. In Zusammenarbeit mit bekannten Köchen entstanden in den letzten Jahren zudem diverse Buchprojekte im Bereich Food. Mit viel Liebe zum Detail – aber ohne die Gesamtkonzeption zu vernachlässigen – ist Peter Raiders Stil von Lebendigkeit und Natürlichkeit geprägt, von erfrischender Direktheit und ohne Allüren.

Über die Food-Stylistin

Monika Noderer ist gelernte Floristin und hat sich 2010 mit ihrem Blumen-Hof einen Traum erfüllt. Da sie sich vor allem auf Hochzeits- und Eventdeko spezialisiert hat und ihre Werkstatt ihr die nötige Flexibilität lässt, kann sie sich ihrer anderen Leidenschaft, dem Food-Styling widmen. Ihre liebevollen und detailverliebten Arrangements kann man in vielen namhaften Büchern und Magazinen sehen.

Impressum

Bibliografische Information der Deutschen Nationalbibliothek
Die Deutsche Nationalbibliothek verzeichnet diese Publikation in der Deutschen Nationalbibliografie; detaillierte bibliografische Daten sind im Internet über http://dnb.d-nb.de abrufbar.

BLV Buchverlag
GmbH & Co. KG

80636 München

© 2016 BLV Buchverlag GmbH & Co. KG, München

Bildnachweis: Alle Bilder von Peter Raider

Umschlaggestaltung: Julia Romeiß
Umschlagfotos: Peter Raider

Lektorat: Cornelia Schmidt
Herstellung: Ruth Bost
Layoutkonzeption Innenteil: Julia Romeiß, München
Layout: Kathrin Michel, München

Gedruckt auf chlorfrei gebleichtem Papier

Printed in Germany
ISBN 978-3-8354-1334-4

Hinweis
Das vorliegende Buch wurde sorgfältig erarbeitet. Dennoch erfolgen alle Angaben ohne Gewähr. Weder Autorin noch Verlag können für eventuelle Nachteile oder Schäden, die aus den im Buch vorgestellten Informationen resultieren, eine Haftung übernehmen.

 www.facebook.com/blvVerlag

BLV im WEB

In unserem Webshop warten weit über 500 lieferbare Titel zu den Themen Garten, Natur, Sport, Fitness, Kreativ und Kochen auf Sie.

Surfen Sie doch mal vorbei, bestellen Sie **versandkostenfrei** und zahlen Sie bequem z.B. **auf Rechnung** oder schnell via **Paypal**.